Pour l'enfant qui réside au fond de vous...

Un jour que ***Madame ma conscience***
discutait intérieurement avec
Mon petit cœur, moi, leur ***Corporelle***,
me pris au jeu à les écouter paisiblement,
pour suivre d'une oreille attentive,
leur petite conversation !

Se dévoiler pour se mettre à nu…

- Madame Ma Conscience : Coucou *Mon p'tit cœur* ! J'ai une folle envie de papoter et de te raconter un tas de choses tu sais... alors voilà, je suis de nouveau à toi, après tant d'occupations ces derniers temps !

- Mon P'tit Cœur : Ah ! ben dis donc, c'est pas trop tôt !! Je me demandais bien ce qu'il se manigançait de là-haut dans ta petite tête, depuis le temps que moi d'en bas, je vivais toutes sortes de sensations, sans avoir la moindre explication !

- Madame Ma Conscience : Ah !

- Mon P'tit Cœur : C'est vrai ! Je ne sais à quoi tu pensais ou même, ce que tu vivais ? Toujours est-il que j'avais le palpitant à l'ouvrage !

- Madame Ma Conscience : Tiens ! Tiens !

- Mon P'tit Cœur : De plus, fallait avoir les nerfs solides avec toi, enfin je dirais le *cœur* solide, quand parfois il était question d'électro-cardio-chocs !

- Madame Ma Conscience : Aïe ! Aïe ! Aïe !

- Mon P'tit Cœur : En revanche, en ce moment, quel bonheur !! Enfin le calme est revenu... et un p'tit peu de repos, ça fait vraiment pas d'mal !

- Madame Ma Conscience : Je suis tellement, tellement désolée pour tout ce que tu as dû endurer pendant tout ce temps... mais à présent, tu peux en avoir le cœur net, tu vas pouvoir vivre des jours plus paisibles !

- Mon P'tit Cœur : Ah, merci ! Merci ! Allez, je suis tout ouïe ! Qu'as-tu à me raconter ? Décharge un peu tes neurones !

- Madame Ma Conscience : Oh là, t'emballe pas ! Patience ! Patience ! C'est une très longue histoire tu sais ! Je vais y aller par étapes !

- Mon P'tit Cœur : Ah ! bon ok, excuse ! Mais comprends, toi aussi, je suis tout excité que tu te confies enfin à moi ! C'est un réel honneur *Madame ma conscience* !

- Madame Ma Conscience : Appelle-moi donc *MMC* ! *MMC* pour les intimes !

- Mon P'tit Cœur : Tu sais *MMC*, je te respecte hautement et tant que tu m'accorderas la paix intérieure, je pourrai alors être disponible et à ton écoute !

- MMC : Tu es un cœur ! Je savais bien que je pouvais compter sur toi pour me vider l'esprit !

- MPC : Non ! Non ! Pas de courbettes ! C'est avec humilité et compassion que je fais cela... et d'ailleurs, à moi aussi tu me mets du baume au cœur quand tu t'exprimes !

- **MMC :** Tiens donc ?

- **MPC :** Ben oui ! Ne fais pas l'innocente ! Décontraction cérébrale égale décontraction cardiaque ! Nous sommes naturellement connectés !

- **MMC :** C'est clair !

- **MPC :** Mais tout part de toi ! Tu es la maîtresse de maison ! T'es décontracte, alors je suis décontracte !

- **MMC :** Je n'en doute pas un instant...
Bon alors voilà ! Tu sais, notre *Corporelle* était ces derniers temps **en voyage** et...

- **MPC :** Attends, j'te coupe tout de suite ! C'est ça que t'as à me raconter ? Tu ne m'apprends rien de nouveau ! Je le sais quand même bien qu'elle est souvent en voyage pour parcourir le monde... ce n'est un secret pour personne !

- **MMC :** Oui mais patience ! Patience ! Laisse-moi donc finir...

- **MPC :** J'ai toujours un bon feeling quand elle est ici et là à travers la planète ! Une vraie passion, comme si elle avait ça dans le sang !

- **MMC :** Très juste !

- **MPC :** Mais au fait *MMC*, toi qui es dans sa petite tête, saurais-tu d'où vient cette passion ?

- MMC : Bien sûr que maintenant je pense avoir compris pourquoi elle a régulièrement la bougeotte ! Il a fallu, durant ses voyages, en vivre un particulièrement spécial pour mieux comprendre les choses !

- MPC : Un voyage particulièrement spécial ?

- MMC : En fait, ce serait un mode de vie qui cheminerait dans ses veines...

- MPC : Mais encore ?

- MMC : Figure-toi que notre *Corporelle* avait des ancêtres voyageurs aussi, en leur temps. Des êtres spirituels venus de pays lointains, prêchant la bonne parole pour la paix, l'amour et la justice sur terre !

- MPC : Ah ouais ?

- MMC : Oui ! D'ailleurs, lors de leurs périples, arrivés dans la vallée du Draa au sud du Maroc, certains de leurs confrères avaient été assassinés par des guerriers barbares.

- MPC : Assassinés me dis-tu ?? Quelle horreur !

- MMC : Oui ! Tout simplement parce qu'ils étaient considérés comme des lumières, connaissant le véritable sens de la vie !

- MPC : Ses ancêtres l'ont donc échappé belle alors ?

- MMC : Tout à fait ! Tu penses bien que déjà à cette époque, prêcher de telles paroles, pouvait déranger certaines consciences endormies par de fausses valeurs ! Il fallait alors les éliminer pour que l'ordre établi ne soit pas déstabilisé ! Question de pouvoir quoi ! Tu vois ?

- MPC : Pfff ! C'est dingue !

- MMC : Oui comme tu dis petit cœur, comme tu dis !

- MPC : Et ensuite ? Je suppose que ses ancêtres poursuivirent leur route ?

- MMC : Exactement ! En descendant plus au sud encore, ils firent la découverte d'un havre de paix... Ksar Nesrat, une oasis saharienne !

- MPC : Oh !

- MMC : Du coup, ils s'y installèrent et... Il était une fois, ils se marièrent et eurent beaucoup d'enfants...

- MPC : Waouh ! C'est quand même incroyable tout ce que tu me racontes *MMC* ! J'en ai le cœur empli de sensations ! Mais dis-moi, t'es sûre de ce que tu dis là ? T'es sûre que ça ne sort pas tout droit de ton imagination ?

- MMC : Alors là, pas du tout !! J'ai une tête, moi, à raconter des histoires ? C'est vrai que ça pourrait s'apparenter à un conte des mille et une nuits, mais pourtant je te le promets, c'est la vérité !

- MPC : Ben oui après tout pourquoi pas !

- MMC : J'en ai même la preuve écrite dans un livre d'époque, au Maroc. Tu verras ! Un jour je t'en dévoilerai davantage, si le cœur t'en dit !

- MPC : Bien sûr que j'aimerais en savoir plus sur cette sacrée histoire ! Moi aussi je suis concerné que je sache !

- MMC : Bon !

- MPC : Le sang de notre *Corporelle*, chargé de cette mémoire du passé, coule en moi !

- MMC : Très bien ! Alors on en reparlera lorsque le jour viendra !

- MPC : En fait, ce que tu essaies de me faire comprendre, c'est qu'elle aurait en héritage, cette vie faite de voyages comme ses ancêtres ?

- MMC : En quelque sorte, oui !

- MPC : Passionnant !

- MMC : Sache d'ailleurs que c'est un véritable avantage de connaître ses racines, de savoir d'où l'on vient pour mieux comprendre qui l'on est et aller de l'avant !

- MPC : Oui, oui ! Je vois ça !

- **MMC :** D'après moi, l'être humain est bien la mémoire vivante de ses ascendants, bien qu'unique à la fois ! Un maillon de la chaîne familiale quoi !

- **MPC :** Quel savoir subtil *MMC* !

- **MMC :** Encore une fois, c'est grâce à ce voyage particulièrement spécial et...

- **MPC :** Oh la la la la ! J'ai la forte sensation qu'il y eut plein d'autres découvertes, pendant ce voyage encore bien mystérieux pour moi ! J'ai vraiment hâte d'en savoir plus !

- **MMC :** Exactement ! Il était naturellement conçu pour cela d'ailleurs... pour aller à la découverte des véritables trésors de la vie !

- **MPC :** Une véritable chasse aux trésors en somme !

- **MMC :** C'est bien cela ! Bon en fait, je te dois beaucoup plus d'explications, mais comme tu le sais, dans la vie c'est chaque chose en son temps !

- **MPC :** Bien évidemment !

- **MMC :** Tiens d'ailleurs *MPC*, si j'puis dire, je ne t'apprendrai plus que mon petit péché mignon à moi ce sont les mots ?!

- **MPC :** Bien sûr que Non !

- MMC : Alors voilà ! Durant ce fameux voyage particulier, il m'arrivait souvent d'avoir des démangeaisons cérébrales !

- MPC : Tiens donc ?

- MMC : Oui tu sais, ces espèces de démangeaisons qui grattouillent par-ci par-là !

- MPC : A cause de quoi ?

- MMC : D'une tête trop pleine de mots, en profonde contemplation du monde !

- MPC : Et alors ?

- MMC : Et ben alors instinctivement, les mots se libéraient...

- MPC : Instinctivement dis-tu ?

- MMC : Oui ! Ceux qui mûrement réfléchis et arrivés à maturité, étaient poussés à voler de leurs propres ailes pour s'exprimer !

- MPC : Normal non ?

- MMC : Ben oui ! Fallait bien qu'ils s'affranchissent lorsqu'ils devenaient trop nerveux, trop excités, là au fond de mes pensées !

- MPC : Je te comprends complètement *MMC*, mais pourquoi éprouves-tu un sentiment de déception en m'expliquant tout ça ?

- MMC : Non ! Non ! Tout va bien !

- MPC : Mon œil ! Si, si, tu es déçue ! Je le ressens bien, en ce moment j'ai le cœur gros !
Tu ne peux rien me cacher à moi, c'est moi qui ressens tes sensations ! Tu le sais bien !!

- MMC : Oui, oui, bien-sûr ! Bien-sûr !

- MPC : Nous sommes liés que je sache ! En réelle connexion et l'un ne va pas sans l'autre ! Tu vois par exemple, quand tu es tourmentée, je n'ai pas le cœur à rire ! Quand tu es heureuse, j'ai le cœur joyeux ! Ou encore, quand tu es en paix, je bats paisiblement...

- MMC : C'est indéniable !

- MPC : Alors dis-moi ! Quelle est donc cette déception ?

- MMC : Eh bien, en fait, celle d'avoir réalisé par expérience que le manque de communication et de langage purs est un terrible fléau dans ce monde !!

- MPC : Ah ouais, d'accord ! Pas simple pour toi alors, quand on sait que tes petits péchés mignons sont la parole et une véritable communication !

- **MMC :** Tout à fait ! La nature a pourtant doté l'être humain du bel outil qu'est le langage, pour exprimer ses opinions, ses émotions, ses sensations... alors c'est pas fait pour les chiens !!

- **MPC :** Ah ça non alors !

- **MMC :** *Mon p'tit cœur !*

- **MPC :** Oui *Madame ma conscience ?*

- **MMC :** Il faut donc savoir que malheureusement, nous vivons dans un monde de silence !

- **MPC :** Ah !

- **MMC :** Complètement ! Pour moi, se taire c'est de l'esclavage et l'expression c'est la liberté !!

- **MPC :** Vive la liberté !!

- **MMC :** Tout simplement, s'exprimer quand on a des choses à dire, détend la conscience et...

- **MPC :** Et apaise le cœur !

- **MMC :** Aussi, c'est se maintenir en bonne santé mentale et physique pour la longévité !

- **MPC :** Merci, mille mercis *MMC* que je respecte hautement, de prendre soin de nous : toi, moi, notre *Corporelle* tout entière… et de nous rendre plus forts, plus sains, plus musclés... grâce à tes prises de conscience et ton expression !

- **MMC :** Justement ! C'est parce que j'ai pleinement conscience de certaines vérités, que j'ai toujours un petit pincement au cœur quand je...

- **MPC :** Hep ! Hep ! Je t'arrête là ! Un petit pincement à mon cœur ma mignonne ! C'est moi qui subis tes sensations non ?

- **MMC :** Allez !

- **MPC :** À chacun son rôle ! Toi t'es cérébrale et sensible et moi je te ressens !

- **MMC :** Ok ! Ok ! Mais bon, on va pas commencer à faire mu-muse avec les mots !

- **MPC :** Oh *MMC*, j'rigole !

- **MMC :** Moi aussi va !

- **MPC :** Bien sûr ! Connexion oblige... et puis un peu d'humour ça n' peut pas faire de mal n'est-ce-pas ?

- **MMC :** Exact ! Bon sérieusement ! Quand je pense que dès le plus jeune âge, souvent, l'être humain n'est pas véritablement encouragé à exprimer sa propre personnalité, son énergie intérieure… qui conduisent à l'éveil de soi !

- **MPC :** Ah ?

- **MMC :** Oui ! Sous prétexte qu'il y a «LE» modèle familial et «LE» modèle de société à suivre ! Ces moules qui ne sont pas toujours adaptés à chacun !! Vraiment, pour moi c'est du gâchis !

- **MPC :** C'est clair !

- **MMC :** L'éveil de soi, c'est pourtant du tout bénef petit cœur, je te le garantis !!

- **MPC :** J'te crois *MMC* ! J'te crois !

- **MMC :** Ça conduit à ne parler que de paix, amour et harmonie !!

- **MPC :** Oh comme c'est beau !

- **MMC :** D'autre part, je me suis bien rendu compte, par expérience aussi, que de nos jours encore, exprimer ces sujets de valeur, précieux, pouvait fortement déranger, indisposer certaines personnes !

- **MPC :** Non ? Tu plaisantes ?

- **MMC :** Pas du tout ! Tu vois par exemple, j'ai le souvenir que durant des voyages antérieurs, notre *Corporelle* avait été amenée à parler de paix et d'amour, face à des situations innommables !! Elle ne pouvait surtout pas garder sa langue dans sa poche !!

- **MPC :** En pleines démangeaisons cérébrales ?

- MMC : Exactement ! Et ben, figure-toi que malheureusement, elle en prenait violemment plein la figure quand certains indélicats rejetaient ses opinions !

- MPC : Non ??

- MMC : Si ! Si ! Je te promets... et accroche-toi bien ! Ils lui faisaient même savoir qu'elle aurait mieux fait de se taire et de se mêler de ce qui la regarde, au lieu d'avoir la grosse tête !

- MPC : Mais c'est quand même impensable !!

- MMC : Ben ouais, c'est comme ça ! J'avais vraiment de la peine pour elle, moi qui suis sa conscience !

- MPC : Eh ben voilà ! Je comprends mieux maintenant que tu me racontes tout ça, pourquoi parfois j'avais le cœur gros et plein de chagrin !

- MMC : Tu vois !

- MPC : D'où ces fameux électro-cardio-chocs que je pouvais ressentir au plus profond de moi !!

- MMC : Bon écoute, faut pas s'en faire ! Tout ça c'est du passé... et dans la vie, il faut savoir pardonner pour tourner la page et avancer positivement !

- MPC : La grosse tête ! La grosse tête ! Tu parles ! N'importe quoi ! Faut quand même pas exagérer !

- **MMC :** Bien sûr !

- **MPC :** C'est toujours avec passion et plein d'humilité qu'elle s'exprime ! Je le sais quand même mieux qu'eux, moi qui suis son cœur !!

- **MMC :** Eh, oui !

- **MPC :** Comment réagissait-elle alors, face à tout ça ?

- **MMC :** Elle gardait son sang froid et s'en allait pacifiquement après s'être exprimée !

- **MPC :** Zen attitude hein ?

- **MMC :** C'est ce qu'il y a de mieux à faire, petit cœur, quand on a compris l'origine de la violence, de l'indifférence...

- **MPC :** Ah la paix, l'amour ! N'est-ce pourtant pas ce qu'il y a de plus beau et de plus doux à ressortir du fin fond de soi ?

- **MMC :** C'est une évidence pour toi et moi, mais comme tu l'auras d'ailleurs compris, ce n'est pas aussi simple que cela finalement !

- **MPC :** C'est dingue !

- **MMC :** Aussi, dans ce monde qui est le nôtre,
l'illusion et les mirages ont posé leur voile sur la vérité !
Le pouvoir et la vie matérielle ont pris le dessus sur
l'amour pur ! Sur l'essentiel quoi !

- **MPC :** Quel dommage !

- **MMC :** Du coup, certains esprits malins, iraient jusqu'à profiter de la situation d'être cachés à l'intérieur d'une enveloppe corporelle, je dirais même, d'une carapace pour opprimer leurs profondes émotions et sensations, leurs véritables opinions...

- **MPC :** Quoi ?? Mais dis-moi *MMC*, ne serait-ce pas là un signe de faiblesse ou encore de lâcheté, que de cacher ses sentiments et opinions ??

- **MMC :** Si on veut, oui !

- **MPC :** Alors pourquoi donc tout ce malheur ? Pourquoi se faire tant de mal, au lieu de tout simplement se faire du bien ? Tu as une réponse toi à toute cette mascarade ?

- **MMC :** Écoute ! Tu sais ! Je n'ai pas la science infuse… mais de mon point de vue, malheureusement, l'âme de certains êtres n'est pas suffisamment nourrie de l'essence même de l'essentiel !

- **MPC :** C'est-à-dire ?

- **MMC :** C'est-à-dire : l'amour, l'attention, l'écoute, l'encouragement... Et cette fameuse communication pure, simple et sans détour, qui font que le cœur ressentirait de la confiance, de la joie...

- **MPC :** Et...

- MMC : Et vivrait en paix, en osmose avec lui-même et à l'unisson avec les autres !

- MPC : Oui ! C'est bien cela ! Je suis tout à fait d'accord avec toi !

- MMC : Par conséquent, si l'esprit n'est pas suffisamment nourri d'amour et d'essentiel, il manque alors d'assurance, d'estime de soi ; les sens sont troublés, perturbés et...

- MPC : Et le cœur peut devenir dur comme la pierre et manquer de tendresse !

- MMC : Eh, oui malheureusement ! D'autre part, cette absence d'essentiel peut remplir l'esprit de vanité, orgueil, haine, jalousie, agressivité, mensonges... et vraiment je rajouterai pour abréger, et cætera, et cætera.

- MPC : Aïe ! Aïe ! Aïe !

- MMC : Finalement, toutes ces déviances, faiblesses et défaillances psychiques, conduisent à rendre les relations humaines vraiment complexes et compliquées ; laissant place à l'incompréhension, aux malentendus, voire dans le pire des cas, à toutes sortes d'horreurs entre les humains !!

- MPC : Mon Dieu !!!

- **MMC :** Pourtant petit cœur, tout être à sa naissance est pur et purement innocent tu sais !

- **MPC :** J'en suis sûr !

- **MMC :** Alors encore une fois, s'il y avait plus d'amour et de douceur sur terre, de désir profond d'essentiel et de vérité à transmettre, dès le plus jeune âge, il serait question d'un réel éveil de l'intelligence et d'une véritable stimulation de la voie intérieure de chacun !

- **MPC :** C'est clair !

- **MMC :** Résultat petit cœur ?

- **MPC :** Dis moi *MMC* ?

- **MMC :** Alors résultat : confiance en soi, épanouissement et en route pour la joie !

- **MPC :** Dis-donc, c'est très mathématique comme formule finalement !

- **MMC :** Logique *MPC*, logique ! Mais... Il y a un mais !

- **MPC :** Automatiquement !

- MMC : Puisqu'il n'en n'est pas toujours ainsi, ce monde souvent chaotique qu'est le nôtre, est devenu un tel labyrinthe pour certains êtres qu'ils en ont par malchance, perdu le véritable sens de leur vie !

- MPC : Ben oui !

- MMC : Par trop de pression, répression, oppression et frustrations… Résultat petit cœur ?

- MPC : Encore des maths ? Mais je suis nul !

- MMC : Allez ! Allez ! Un petit effort ! Je t'ai déjà donné la solution !

- MPC : Non, pas question ! Je donne ma langue au chat... et puis après tout, c'est toi la cérébrale que je sache !!

- MMC : Bon alors, résultat : relations humaines bafouées par éloignement, égarement du sens véritable de la vie pour certains !

- MPC : Finalement, si j'ai bien compris, n'est-ce-pas ainsi depuis la nuit des temps ?

- MMC : Si ! Si ! Tu as bien compris !

- MPC : Et ben alors ?

- **MMC :** Et ben alors quoi petit cœur ? Ça ne nous oblige pas à baisser les bras, face aux difficultés terrestres et à rester négatifs et malheureux ! Je suis et serai toujours optimiste et positive !

- **MPC :** *Madame ma conscience* que je respecte hautement ?

- **MMC :** Oui ?

- **MPC :** Dis-moi donc ton petit secret ?

- **MMC :** Ah !

- **MPC :** Comment fais-tu pour avoir cet optimisme et cette patience que tu me transmets ?

- **MMC :** Mystère !

- **MPC :** Grâce à quoi dis-moi ? Des lectures ? Des lectures sacrées ?

- **MMC :** Mais encore ?

- **MPC :** D'autre part, comment peux-tu m'assurer de vivre intérieurement en paix, dans ce monde extérieur pas toujours paisible ?

- **MMC :** Ah ! *Mon petit cœur* au grand cœur, questions majeures !! Eh bien figure-toi que ça ne vient pas comme ça, d'un petit coup de baguette magique !

- MPC : Ce serait une illusion !

- MMC : Exactement ! En clair, il faut du temps, de la patience, de la persévérance ; croire en soi et avoir ce désir profond d'atteindre sa propre vérité, de manière à maintenir une certaine paix intérieure !

- MPC : D'accord !

- MMC : En outre, je vais peut-être t'étonner, mais la lecture n'est pas mon seul credo !

- MPC : Ah bon ?

- MMC : Non que les lectures soient inutiles, bien au contraire... mais en ce qui me concerne, dans un premier temps, je préfère aller puiser au fond de moi et dans la contemplation, toutes les infos que je désire !

- MPC : Intéressant !

- MMC : Par conséquent, cela mène à faire un réel travail sur soi pour obtenir réponse à tout questionnement, concernant sa propre vie, la vie et les relations humaines... mes sujets de prédilection pour contribuer à la paix sur terre !

- MPC : C'est génial ça *MMC* !!

- MMC : L'esprit devient donc plus clair...

- MPC : Et vive la joie au cœur !

- **MMC :** C'est aussi et surtout au fur et à mesure du temps qui passe, tenir compte de ses expériences de vie antérieures, pour aller de l'avant ! Faire des petits bilans !

- **MPC :** Waouh !!

- **MMC :** L'univers intérieur devient alors, avec l'âge et la maturité, un jardin paradisiaque odoriférant, plutôt qu'un enfer putrescible !

- **MPC :** Magnifique !

- **MMC :** Mais faut pas rêver hein, ça reste un travail continuel et infini ! D'ailleurs à mon sens, le meilleur travail au monde que l'être humain puisse avoir dans sa vie !

- **MPC :** Car il est riche de bienfaits intérieurs !

- **MMC :** Tu as tout compris *Mon p'tit cœur* au grand cœur !

- **MPC :** Ah ! Pas trop de compliments *MMC*, tu vas me faire rougir !

- **MMC :** Aussi, tu peux avoir en apparence les plus grosses pièces d'or ou encore les plus beaux palais du monde, mais si tu ne cherches pas à rendre ton for intérieur solide comme un roc pour être heureux et vivre le véritable bonheur, alors, à mes yeux, tout ça n'a aucune, mais aucune valeur !! Voilà !

- MPC : En gros, faut pas se fier aux apparences quoi ! Tout peut s'écrouler comme un château de cartes !

- MMC : Bien vu !

- MPC : Quelle détermination quand même !

- MMC : Justement, la détermination est une de ces valeurs essentielles pour atteindre nos aspirations, nos rêves dans la vie !

- MPC : La détermination chasse la passivité ?

- MMC : Exactement ! Alors voilà, cela me ramène à des pensées que j'ai gardées pour toi, au fond de ma mémoire !

- MPC : C'est vrai ?

- MMC : Oui ! D'ailleurs, notre *Corporelle* les avait envoyées par e-mail à l'époque… pour communiquer avec ses amis et proches, elle se servait souvent d'internet ; tu sais cette invention magique que l'on peut utiliser aux quatre coins du monde !

- MPC : Oui ! Oui ! Tout à fait ! Mais… N'était-ce pas encore ces fameuses démangeaisons cérébrales, en pleine observation du monde ?

- **MMC :** Si ! Si ! Alors écoute ça ! C'était il y a quelque temps, lors d'un séjour en Angleterre où elle s'était arrêtée pour quelques mois… Histoire de travailler et gagner un peu d'argent, avant de continuer sa route !

- **MPC :** Ok ! Je suis toute ouïe !

- **MMC :** D'ailleurs, je te préviens tout de suite, l'e-mail est plutôt long tu sais… mais on pourra faire des pauses s'il y a quoi que ce soit !

- **MPC :** On verra !

- **MMC :** Et puis après, hop ! J'efface tout !

- **MPC :** Ah bon ?

- **MMC :** Oui ! Oui ! J'attendais seulement le moment propice pour le partager avec toi.

- **MPC :** Merci *MMC* ! Merci !

- **MMC :** Après tout, faut bien faire le vide dans sa mémoire pour laisser place à du neuf et avancer !

- **MPC :** C'est toi qui sais !

- **MMC :** Autre chose ! Surtout ne sois pas dérangé par certains propos qui sont loin d'être des critiques, mais plutôt des observations par amour pour la vie et l'être humain... avec le désir comme tant d'autres, d'un monde meilleur !

- **MPC :** Ok ! Mais bon, tu n'as pas à t'inquiéter, j'te connais par cœur !

- **MMC :** Alors c'est parti !!

Une pensée

en forme de cœur !

Bonjour à tous,

Avec internet c'est magique, je peux tout simplement exprimer avec les mots en forme de cœur, une pensée pour tous et chacun à la fois !
Votre nom, gravé dans la mémoire de l'ordinateur et surtout, votre nom et votre rencontre un jour J, gravés dans la mémoire de mon être avec des images du passé et des souvenirs en sus.

Vous le savez peut-être, instinctivement, tout naturellement, je suis partie sur les routes du monde après avoir tout largué à Rennes, ma ville natale, en juillet 2000… et fermé la porte derrière moi, pour en ouvrir une autre à la recherche du véritable savoir -celui que l'on ne nous apprend pas- et de la compréhension de l'humanité par amour pour l'être humain !

Un véritable travail en soi qui nécessite de l'obstination, de la persévérance face aux difficultés !!
A travers des relations humaines diverses, dans les quatre coins du monde -du pays riche au pays pauvre- comprendre par moi-même et parce que j'ai ressenti au plus profond de moi : Pourquoi l'homme est-il de plus en plus fou et s'éloigne-t'il de l'essentiel ?

- Pourquoi tant de misère et de guerres stupides et inutiles ?
- Pourquoi tant de haine, de jalousie, d'ego exacerbés ?

-Pourquoi tant de besoin de pouvoir, de compétition, de course contre la montre et après l'argent ?
-Pourquoi tant de corruption, de non-communication et non-amour véritables ?
-Pourquoi tant de mensonges, de jugements et critiques incessants et mal placés ?
-Pourquoi tant d'incompréhension et malentendus ?
-Pourquoi lorsqu'un être est dans la détresse, l'autre est soi-disant indifférent et ferme les yeux, sans penser un instant que ça pourrait lui arriver un jour ?

... Enfin, la liste serait longue à tant de comportements hors du naturel, qui depuis ma tendre enfance m'avaient interpellée et qui sont, à mon sens, l'expression de la souffrance humaine !

En fait, pour tout vous dire avec du recul maintenant :

C'est incroyable ce que le cerveau peut emmagasiner d'inutile et très souvent s'intoxiquer de tout ce qui peut le conduire à être esclave du superflu, à être aveugle et rester dans l'obscurité et l'ignorance... et oui, tout ça parce que dès le plus jeune âge, on ne l'a pas conditionné à l'éveil de soi !

«Illusion ! Illusion ! Ouvre donc ta porte vers la vérité, vers la liberté !!»

Et nos leaders alors, mais que fichent-ils bon sang ?
Ah c'est vrai, eux aussi il faut les sortir du tunnel ! Ouais, c'est clair ! Sans lumière, ils ne peuvent certainement pas guider leur peuple, vers plus de paix, d'amour et d'harmonie !

Les âmes innocentes qui clament Peace And Love à la lumière du jour, sont opprimées, éliminées, pour ne pas déstabiliser l'ordre public !! Elles osent dire tout haut ce que la conscience humaine pense tout bas ! Au nom de la liberté, l'égalité, la fraternité et la justice !

Aimons-nous les uns les autres bon sang, qu'est-ce-que l'être humain a à perdre là dedans ??
Se donner la main, vaut mieux que de se tirer dans les pattes non ?

Le pouvoir ! Le pouvoir ! Toujours le pouvoir !
L'argent ! L'argent ! Toujours l'argent !
Compensations mentales, par manque d'amour de soi ??

Mon Dieu, quel gâchis ! Ce n'est pas celui-là le bon modèle, il y a erreur humaine !!
Alors voilà, parce qu'un jour de déclic instinctif, Madame ma conscience a déclaré forfait à ce petit jeu de société, j'exprimerai aussi avec émerveillement et bonheur, que c'est tout autant incroyable de passer naturellement au processus mental inverse : celui de faire le vide, d'alléger, de trier, d'observer et désintoxiquer ses petits neurones… en prenant le temps !

Un véritable travail en soi, encore une fois !! Puis, on arrive petit-à-petit à l'essentiel et l'affranchissement ! C'est arriver à voir purement et simplement clair !
À quoi rime la vie, l'être se demande t-il toujours ? Question majeure !!

D'après moi, c'est une évidence ! Elle devrait être pour chacun, de belles rimes poétiques et colorées ! La vie en rose en somme !
Un cocktail enivrant, purement nature et organique ; composé de rires et joies, de silence et calme ; d'écoute de son rythme naturel, de ses sens, de son corps et de sa tête...
Avoir le temps de prendre le temps ! Et là on y arrive à cet amour pur, à cette communication pure et simple auxquels tout le monde aspire. Pas vrai ?

En gros, en tant qu'observatrice nomade des temps modernes, je vois souvent un monde fébrile et névrosé ! Un vrai désastre, n'est-ce-pas ?
Loin, très loin, de plus en plus loin de ce monde paisible qui nous était offert !
C'est dingue quand même, pourquoi tant de gâchis ?
Ah oui aussi ! C'est marrant, mais sans s'en rendre compte, l'être humain reproduit trop souvent exactement ce qu'il reproche ou a reproché à la société, à son passé, à ses proches...
Un véritable cercle vicieux; une réaction en chaîne et enchaînée !

Il passe son temps à être contradictoire, à se plaindre, à gueuler, à provoquer des malentendus qui n'auraient pas lieu d'être... à trop parler dans le vide finalement et ne passe surtout pas à l'action. Celle de se regarder en face pour véritablement améliorer sa vie, être plus épanoui et heureux de vivre ! Ben ouais, c'est toujours la faute des autres ! Mirage ! Illusion ! Trop de peurs qui font peur et qui ne sont pas naturelles en soi !

Normal tout ça, l'être à la naissance est rarement guidé vers plus d'éveil intérieur et d'autonomie. L'essentiel qui conduit à la liberté ! La vraie !

Toutes les ressources naturelles sont en nous pourtant ! L'esprit est emprisonné finalement, vous n'êtes pas d'accord ? Il est prisonnier de ses liens et tensions qui l'empêchent de vivre en liberté, en paix ! Cette paix intérieure qui conduit à une véritable écoute, une véritable communication, un réel échange à l'autre... pure et simple relation à double sens, de manière à être solidaire d'un monde meilleur !
Un vrai travail sur soi pour une vraie révolution du moi !

La clé du bonheur, elle se trouve dans le cœur, nulle part ailleurs ! Et pour l'avoir en main, il faut se prendre en main ! Surtout ne pas attendre que l'autre trouve une solution à votre place !

L'être humain oublie de vivre pour l'essentiel, au présent qui est réalité ! Il reste scotché sur son passé qui n'est pourtant plus qu'un souvenir, cela l'empêchant d'avancer vers une réelle maturité ! Ou aussi, il se projette trop dans le futur qui n'est qu'incertitude ! Il dit trop souvent : «Eh ! oui le temps passe... et puis c'est trop tard... ah ! si j'avais su... je regrette...» il oublie que la mort l'attend à un moment ou un autre de sa vie ! La vie c'est la mort... et la mort ? Eh ben ! c'est la vie !

Surtout n'ayez pas de regrets, de frustrations ! La vie est trop précieuse ; il faut la vivre à sa plus juste valeur ! Elle est tout un art ! L'art de vivre et de vivre en paix !

Bon désolée, vous allez me dire de quoi je me mêle, ou pour qui je me prends avec cette morale ?!
Croyez-moi, c'est par amour que j'aime tant partager ce que j'ai sur la conscience ! Sans prétention aucune, c'est mettre à plat toutes ces observations auxquelles je tiens, après avoir en quelques années de ma vie, fait le tour de la terre et de ma tête ! De la question quoi !!

Eh bien ! voilà, je parlais -d'une pensée en forme de cœur- en début d'e-mail, qui sans préméditation, s'est transformée en discours ! Ah ! tant de choses à dire sur l'essentiel... pourtant ce n'était qu'un résumé ! Allez les p'tits cœurs, bonne continuation, bye bye et à bientôt !!

- **MMC :** Voilà petit cœur, c'est la fin de cette lettre !

- **MPC :** Ben ça alors, *Madame ma conscience* ! Dis-donc, t'en avais des mots dans la tête que notre *Corporelle* a dû exprimer ! Mais dis-moi, c'est sorti comme ça, sur un coup de tête ou quoi ?

- **MMC :** Ouais, si on veut ! En fait, comme il est dit dans l'e-mail, au départ dans mon esprit, il était seulement question de passer un petit bonjour à tout un groupe d'amis. Tout à coup, il y eut un déferlement de mots ! Sincèrement, je ne m'y attendais pas moi-même !

- **MPC :** Ah bon ?

- **MMC :** Oui, oui, je t'assure !

- **MPC :** Incroyable !

- **MMC :** En fait, j'imagine qu'au fil du temps et des expériences, par l'observation et la contemplation, les mots et les pensées étaient très certainement en train de mûrir gentiment en silence. Puis clic, déclic, il a suffi de cette petite goutte d'émotion cérébrale en plus, pour libérer tout ça !

- **MPC :** Phénoménal !!

- **MMC :** Instinctivement, les mots ont pu prendre leur envol pour s'exprimer !

- **MPC :** Eh ben dis donc !

- **MMC :** Que de sensations diverses tu as dû ressentir au fond de toi, sans savoir exactement ce qui se passait !!

- **MPC :** Ah ça c'est sûr, je te l'ai dit ! J'ai subi toutes sortes de pulsations, sans avoir la moindre explication !

- **MMC :** Eh oui !

- **MPC :** D'ailleurs, comment pouvais-je deviner tout cela, seul, derrière ton silence ?

- **MMC :** C'est une évidence ! D'où l'importance des mots, de la communication... au moment opportun !

- **MPC :** *Madame ma conscience* que je respecte hautement…

- **MMC :** Dis-moi *Mon p'tit cœur* !

- **MPC :** Tu sais, je t'avouerai qu'il y a des pensées dans cet e-mail, que je n'ai pas tout à fait comprises et qui mériteraient quelques éclaircissements !

- **MMC :** Bon, il faut dire que je te comprends ! Ton rôle étant surtout de ressentir mes émotions et le mien de réfléchir et comprendre les choses de la vie non ?

- **MPC :** Ben oui !

- **MMC :** Alors un jour viendra où je te ferai, comme on dit à l'école, «une explication de texte» détaillée !

- **MPC :** Ah ! Ah ! Ah ! Très drôle... mais c'est vrai qu'il me tient vraiment à cœur de revoir ça avec toi pour mieux comprendre et...

- **MMC :** Ah tant que j'y suis ! Je t'ai aussi gardé en mémoire quelques rimes poétiques, qui peut-être, pour simplifier, te donneront une meilleure explication à tout ce que j'ai pu te communiquer auparavant !

- **MPC :** Des rimes poétiques ? Mais qu'est-ce-que ça peut bien être ? Une poésie ?

- **MMC :** Écoute, tu en jugeras par toi-même, mais dans un premier temps, je peux te dire que c'est en quelques mots, un petit bilan qui reflète tout à fait bien mon état d'esprit aujourd'hui... et comme dirait notre *Corporelle :* «Après avoir fait le tour de la terre et de ma tête, de la question quoi !»

- **MPC :** Ok ! Et elles ont été écrites où ces rimes poétiques ? Lors de quel voyage *Madame ma conscience ?*

- **MMC :** En Inde ! Un pays où notre *Corporelle* a passé pas mal de temps... elle avait d'ailleurs eu l'occasion de faire quelques actions humanitaires, auprès de petits orphelins.

- **MPC :** Chouette !

- **MMC :** D'autre part, tu y trouveras certainement des indices, qui te guideront vers ce qu'avait pu être ce «fameux voyage particulièrement spécial», auquel j'ai fait référence plusieurs fois !

- **MPC :** Ah ? Ah ?

- **MMC :** Bon alors écoute, c'est reparti !!

Ode
pour la paix !

Eh bien ! voilà, c'est bien plus fort que moi !
Mon âme ô âme, désire vous dire tout ça !
Une énergie venue de l'intérieur !
Me pousse encore à dévoiler mon cœur !
Pardonnez-moi, pour tous mes commentaires !
Excusez-moi, je n'puis jamais me taire !
De dire ces mots, mon p'tit péché mignon !
C'est grâce à eux que j' donne mon opinion !

Riches ou bien pauvres,
les uns tirent sur les autres !
Compétition, bon sang soyez apôtres !
Matérialisme, argent devenu roi !
Ego, pouvoir, en moi vous n'faites pas l'poids !
Haine, jalousie et guerres, souffrances humaines !
Dites-moi donc, vers quoi cela vous mène ?

Je te dis A et toi tu me dis N !
J'te dis Amour, toi tu me réponds Haine !
Au fond de toi, ta haine veut dire je t'aime !
Malentendu, incompréhension même !
Trop de jugements, dis-moi à quoi ça sert ?
Toi t'es pas mieux, occupe-toi d'tes affaires !

Voyage en toi, pour t'rapprocher des autres !
Ecoute en toi, pour mieux entendre l'autre !
Aux 4 coins du monde,
1 seule espèce humaine !
Certains n'ont rien compris,
aux relations humaines !
Du désert à la ville,
mêmes êtres pas d'différence !
C'est seul'ment la culture qui fait la différence !

Codes linguistiques et codes culturels !
Complications, tensions intellectuelles !
Les religions, on les connaît par cœur !
Introspection, pour un monde meilleur !
L'éternelle question :
«**O**ù se trouve le bonheur ?»
Te pose pas trop d'questions,
il se trouve dans ton cœur !

Cœurs inhibés, il faut les éveiller !
Cœurs opprimés, il faut les libérer !
Âmes endormies, par trop d'obscurité !
Esprits obscurs, il faut se réveiller !
Révolution, évolution en vous !
Expression, silence sera en vous !

La vie, n'oubliez pas, c'est la mort qui l'arrête !
La mort ne pleurez pas, c'est la vie qui s'arrête !
Humilité, sagesse, les vraies richesses de l'être !
Maturité, souplesse,
un jour en toi veulent naître !
Ah Liberté, Égalité, Fraternité !
Mon rêve dites-moi !
Deviendra-t-il réalité ?

Paix ô la paix, sur cette terre immense !
Un paradis naîtra, vivra de nos semences !
Main dans la main joyeux poètes en fleurs !
Amour et paix, jailliront de vos cœurs !
Le fameux long voyage, en moi,
est terminé !
Concentration profonde,
je me suis réveillée !

Maturité sagesse, ça y' est le jour est né !
Balance en moi certaine,
je dois rester centrée !
Le temps ô sacré temps, au fond s'est arrêté !
La course contre la montre,
aussi c'est terminé !
Passé plus qu'un souv'nir,
futur pas encore né !
Quant au présent ? Présent ! Vive sa réalité !

Mère ô ma mère, il ne faut pas pleurer !
Le cordon s'est coupé, je me suis envolée !
Cette sacrée société, quand j' me suis éclipsée !
C'est vraiment à l'œil nu que je l'ai observée !
Alors voilà pourquoi, je peux vous dire tout ça !
Pour admirer la vie, un vrai travail en soi !
Bon pour finir, ceux-ci étaient mes mots !
Je vous dis au revoir, bonne chance et
à bientôt !

- **MMC :** Voilà petit cœur ! Ces quelques lignes en rimes poétiques résument mes pensées profondes, claires, nettes et précises !!

- **MPC :** En effet ! Une autre manière de s'exprimer, avec je dirais... plus de poésie !

- **MMC :** Poétiquement correcte !

- **MPC :** Très drôle !! Bon alors, si j'ai bien compris, ce «fameux voyage particulièrement spécial» était en corrélation avec la vie intérieure de notre *Corporelle*, n'est-ce-pas ?

- **MMC :** Et... qu'est-ce-qui te fait penser cela ?

- **MPC :** «Le fameux long voyage, en moi est terminé...»

- **MMC :** Pas mal !

- **MPC :** Ce serait alors un voyage intérieur qui aurait été vécu à travers des voyages ?

- **MMC :** Exactement !

- **MPC :** C'est incroyable comme phénomène ! Surréaliste !

- **MMC :** Ah ? Tu crois ?

- **MPC :** Et dis-moi *MMC ?*

- **MMC :** Oui ?

- **MPC :** Qu'y avait-il donc dans ce monde intérieur ? Et comment notre *Corporelle* en est-elle arrivée là ? Primo, à tout larguer comme il est dit dans l'e-mail, secundo, à rentrer dans son monde intérieur et tertio, à partir en solo à travers terre. Sur un coup de tête ?

- **MMC :** Ah ! Questions majeures ! Alors là *Mon p'tit cœur*, surtout pas sur un coup de tête comme tu aimes tant le dire !

- **MPC :** Dis-donc, il en faut du sacré courage pour tout laisser derrière soi, famille, amis, travail et tout et tout… et se retrouver seule face à cette terre immense ?

- **MMC :** Bon ! Pour tout te dire, c'est encore une longue histoire… et je te dois de nouveau quelques explications !

- **MPC :** J'y compte bien !

- **MMC :** En fait, tout a commencé naturellement, sur de profondes prises de conscience et…

- **MPC :** Oh non, ça va encore être compliqué à comprendre !

- **MMC :** Non ! Non ! Pas du tout ! En fait c'est tout simple ! D'ailleurs, pour mieux saisir les choses, il faut de nouveau faire un retour en arrière… retour sur mes pensées de l'époque que notre *Corporelle* avait notées dans un journal intime !

- MPC : D'autres démangeaisons cérébrales, *Madame ma conscience ?*

- MMC : Eh oui ! Encore et toujours ces fameuses démangeaisons cérébrales ! C'était justement quelque temps avant qu'elle lâche tout pour partir sur les routes du monde !

- MPC : Mais si ce sont tes pensées intimes, peut-être préfèrerais-tu les garder secrètes, juste entre toi et notre *Corporelle* qui les avait écrites ?

- MMC : Non ! Non ! Surtout pas ! Je te dois bien de les partager avec toi ! Tu as tant subi mes émotions diverses et variées... après tout, tu as aussi fait partie du voyage et nous ne formons qu'un, toi, moi et notre *Corporelle* !

- MPC : Ah ça c'est sûr !!

- MMC : Alors voilà, je te dévoile aujourd'hui à la lumière du jour, le contenu de ces écrits !

- MPC : Chouette !

- MMC : Mais pas tout hein, petit cœur ! Sinon ce serait bien trop long ! Seulement les extraits principaux !

- MPC : Ok !

- **MMC :** D'ailleurs, considérons ces pensées intimes, comme le prologue d'un long cheminement parcouru ensuite, grâce à ce profond voyage intérieur !

- **MPC :** Un cheminement à travers soi ?

- **MMC :** Très juste ! Celui qui d'après moi, conduit aux trésors et plaisirs essentiels d'une vie sur terre ! Comme elle se doit d'être vécue... à l'état pur en définitive !
- **MPC :** Avant toute chose, dis-moi, je ne voudrais pas te paraître inculte, mais c'est quoi un prologue ?

- **MMC :** Inculte ? Mais non pardi, hôte toi ça de la tête !

- **MPC :** Bon ! Bon !

- **MMC :** Un prologue, c'est une introduction ! L'introduction qui justement, conduira ensuite à toute cette vie de voyages et de cheminement que notre *Corporelle* va vivre, après avoir tout «largué» comme elle dit, pour partir sur les routes du monde. Libre comme un oiseau, comme une nomade guidée par la lumière...

Prologue

Rennes, le 4 novembre 1996.

L'année 96... Ah, l'année 1996 !!

Début d'une profonde prise de conscience sur la réalité de ce monde, qui franchement à mon goût, ne tourne vraiment pas rond !!

Une énergie négative s'est installée en moi... Serait-ce donc la fin de l'innocence ?
Ma vie en rose de toujours est perturbée ! Je commence à broyer du noir, allant de mal en pis en cette fin d'année !

Aujourd'hui, 4 novembre, c'est le jour de mon anniversaire, avec en cadeau, le cœur gros et plein de chagrin ! La question qui me triture à présent l'esprit est :

POURQUOI TANT DE MALHEUR, MISERE
ET CHAOS DANS CE MONDE,
PENDANT QUE MOI J'Y VIS AVEC LA JOIE
AU CŒUR ET LE BONHEUR D'EXISTER ?

J'ai profondément besoin de comprendre, besoin de réponses à mes questionnements... avec l'envie d'autre chose, l'envie d'espace et d'élévation...

Rennes, septembre 1999.

ET CLIC, DÉCLIC !

Eh ben ! voilà, les choses s'éclaircissent !

Il y a trois ans, quand durant l'année 1996, ma tête pleine d'émotions me disait que j'avais besoin de comprendre ce monde, besoin d'espace, d'élévation... Eh bien ! c'était tout simplement cette petite graine de pensée qui avait pris place dans un coin de ma tête, pour ensuite révolutionner le cours de ma vie !

Cette petite graine qui allait germer et vivre en incubation pendant la durée de trois années, de prise de conscience en prise de conscience ; de lâcher prise en lâcher prise... Puis en cette année 1999, arrivée à maturité, déployer cette énergie qui me pousse aujourd'hui à partir sur les routes du monde ; libre comme un oiseau, comme une nomade à la recherche d'espace, d'élévation et de compréhension !

C'est incroyable, il est 11h du mat et le déclic final est arrivé ! Une sensation euphorisante m'envahit ! Je suis prête à tout lâcher, travail et vie matérielle pour partir en voyages non-stop ; complètement déliée, affranchie, sans savoir cette fois-ci pour quand sera le retour aux sources ! Je m'en fiche, je vis le bon-heur total, celui de m'en aller sur les routes du monde pour de nouvelles aventures de la vie !

Aller découvrir de nouvelles cultures, de nouveaux êtres, de nouveaux pays… Et tant d'autres choses encore… Par amour pour la vie et les êtres humains !

Ce n'est pourtant pas par manque de voyages, moi qui ai déjà tant voyagé auparavant depuis ma tendre jeunesse (je crois que j'ai ça dans la peau !) mais ça a toujours été un aller accompagné du retour !

Cette fois-ci, je le ressens au plus profond de moi, autre chose va se passer...

Bon allez, fini pour le moment, je dois me préparer pour aller travailler…

Bye, bye !

Rennes, décembre 1999.

J'ai bien commencé mes préparatifs pour le grand départ, fixé au 1er juillet 2000 !

Je suis déterminée à partir, pendant que tant de personnes ont peur pour moi !

Ma mère la première, qui pense que je suis devenue folle !!

Elle me disait l'autre jour : «Naïma, dis-moi ma fille ! Quand est-ce-que tu vas enfin penser à te poser, à te marier et faire des enfants comme tout le monde ?
En plus tu pars toute seule, j'ai peur pour toi tu sais, etc...»

Je lui ai répondu alors, avec tout l'amour et le respect que je lui porte :
«Ma p'tite maman chérie, premièrement je ne suis pas tout le monde !!

Chacun est unique et devrait mener sa vie sur son propre modèle ! Peut-être qu'un jour viendra où je me poserai comme tu dis... Je n'en sais rien moi-même ! Je vois bien que tu es malheureuse de me voir partir... Mais je n'y peux rien, c'est plus fort que moi...

Cette vie à Rennes, pour le moment ne me convient plus ! J'étouffe ! J'ai besoin d'aller prendre l'air et comprendre des choses par moi-même…

Tu sais combien je t'aime ainsi que mes frères et sœurs... Et paix à l'âme de papa qui m'était très cher !

… C'est comme ça, je dois m'en aller...
Je reviendrai, Inch'Allah, ne t'inquiète pas pour moi... Et puis tu me connais si bien ! Tu sais que depuis toujours, je n'en fais qu'à ma tête... Tu dois être habituée maintenant, etc…»

Bref ! Malgré les remarques de part et d'autre, à ce jour encore, rien ni personne ne me retiendra et ne me fera changer d'avis ! De toute façon, je suis de nature à toujours écouter et suivre ma p'tite voix intérieure ; c'est elle qui a raison, personne d'autre !

Je vis à l'instinct ; je vais partir dans quelques mois et j'ai une totale assurance, sans aucun doute !!

Rennes, lundi 10 janvier 2000.

Retour de New-York... Petit bilan.

En décembre dernier, deux événements m'ont encore une fois permis de réaliser à quel point, parfois, les relations humaines peuvent vraiment, mais vraiment, être compliquées !!

Je suis purement et simplement en quête d'autre chose ! Franchement, cet environnement dans lequel je tourne en rond, ne me convient plus... De ma naissance à aujourd'hui, j'étais tout naturellement dans le tourbillon de la vie ! Dieu sait si j'y ai passé du bon temps et vécu tant de belles choses en règle générale !

À présent, voilà, je décide d'en sortir pour faire un bilan du passé et prendre du recul sur la vie. Dédramatiser tout en restant proche d'autrui... Quel bonheur tout à coup, de se retrouver sur le chemin d'un esprit en voie de détachement, pour un équilibre intérieur bien centré ! Je veux vivre en paix et la préserver !

Ma tristesse de voir un monde souvent malheureux -alors qu'au fond de moi, je suis un être heureux de vivre- doit disparaître !

Nous ne vivons pas pour souffrir !!

Alors, ce qu'il reste à faire pour atteindre et maintenir cette paix intérieure, c'est de travailler en soi ! Seul le pouvoir de ma tête me conduira à cet épanouissement, à cette maturité ! Rien ni personne d'autre...

Voilà, je me prépare à tout quitter pour des voyages non-stop ! Je n'ai pas peur du vide ; je n'ai pas peur de l'aventure ! Je suis en totale sécurité... Rien que d'y penser me libère davantage !

Ah ! la liberté d'être soi, pour la paix et l'amour à offrir, en acte purement gratuit !! Quoi de plus important que cela bon sang, tant qu'on est vivant !!

La vie, c'est la mort aussi, ne l'oublions pas ! Cette sacrée vie sur terre qui d'après moi finalement, n'est faite que de souvenirs invisibles, jour après jour, expérience après expérience... Et alors ? Il n'y a rien de transcendant dans tout ça après tout...

Alors voici mes 3 règles d'or :

N° 1 : Aller à l'essentiel pour pouvoir voir clairement son esprit !

N° 2 : La vie ne doit pas être prise lourdement au sérieux, elle est normalement si douce et si légère !

N° 3 : Chaque être vivant se réduit en poussière, quand son cœur s'arrête !

Il est éphémère !

L'ÊTRE EST É-PHÉ-MÈRE !!

Paris, le 1er juillet 2000.

Et c'est parti !

Voilà, de septembre 1999 au 30 juin 2000, je me suis préparée au grand départ !

J'ai fait le tri, le vide matériel et autre... pour, le jour «J», être prête à partir ! J'ai réduit ma vie antérieure à quelques souvenirs, photos, écrits personnels, musique et vidéos que j'ai stockés dans deux boîtes laissées chez une de mes sœurs. Désormais, en tant que SDF, dans le sens très positif du terme pour mon cas, je n'ai plus de domicile ! J'ai aussi petit à petit, pris le temps et le soin d'expliquer mon départ et dire au revoir à mon entourage amical et familial...

À ce jour, 1er juillet 2000, je suis définitivement prête pour l'aventure !

L'aventure avec un grand «A» !

Encore une fois, déliée, déchaînée, affranchie spirituellement parlant !

Je suis un électron libre ! Vive le voyage !
Vive la liberté !!

- MMC : Voilà petit cœur ! Tu en sais davantage encore, grâce à ces propos intimes, écrits entre 1996 et 2000 !

- MPC : Oui *MMC*, c'est de plus en plus clair !

- MMC : Mais tu te doutes bien que ce n'est pas tout !

- MPC : Comme d'hab !

- MMC : Je t'avais dit que c'était une longue histoire et que je devais te la conter par étapes !

- MPC : Une histoire de vie finalement !

- MMC : Exactement ! Une histoire de vie, comme tu dis...

- MPC : Passionnant !

- MMC : Alors voilà, dès lors que la prise de conscience du grand départ montra le bout de son nez, une force supérieure à moi déployait ses grandes ailes pour prendre tout pouvoir !

- MPC : C'est-à-dire ?

- MMC : C'est à dire que grâce à cette force, le fonctionnement mental habituel allait se transformer...

- MPC : Attends *MMC*, c'est pas possible ! Tu me racontes n'importe quoi là !

- **MMC :** Mais laisse moi donc finir !

- **MPC :** Ok ! Ok ! *Madame ma conscience* que je respecte hautement !

- **MMC :** Je sais bien que ça peut te paraître invraisemblable, mais c'est tout à fait plausible !

- **MPC :** Bon ! Bon !

- **MMC :** En fait ! Pour être plus précise, le fonctionnement mental avait tout naturellement cessé d'aller vers l'avant ! Cessé d'accumuler et de penser au lendemain !

- **MPC :** Quelle histoire dis-donc !

- **MMC :** Eh oui ! Il est alors passé à l'état d'observation intérieure et de contemplation extérieure, au jour le jour. «Le fameux voyage» commençait !

- **MPC :** D'accord ! Je n'en reviens pas !

- **MMC :** Figure-toi que moi non plus je n'en revenais pas, quand j'en ai pris conscience !

- **MPC :** Ah oui ?

- **MMC :** Ben oui !

- **MPC :** Incroyable !

- **MMC :** La seule chose que je savais à ce moment là, c'est que notre *Corporelle* allait partir faire des voyages pour un temps indéterminé, mais que rien n'avait été vraiment programmé à l'avance !

- **MPC :** Ah bon ?

- **MMC :** Oui ! Je me souviens, pour faire un retour en arrière, que son entourage lui demandait : «Alors Naïma, quels pays prévois-tu de visiter durant tes périples ?»

- **MPC :** Et alors ?

- **MMC :** Eh bien elle-même ne savait pas trop quoi répondre ! Elle disait : «à part l'Égypte pour commencer, ou même l'Inde, je ne sais pas bien encore... J'ai des idées en tête, mais je verrai en temps voulu... Ce que je sais fermement, c'est que je dois partir et j'ai vraiment hâte !»

- **MPC :** C'était de l'inconscience *MMC*, non ?

- **MMC :** Quoi te répondre à ça petit cœur ?

- **MPC :** T'as bien une p'tite réponse !

- **MMC :** Bon ! C'est vrai que ça pouvait ressembler à de l'inconscience, mais n'oublie pas que cette force au-dessus de moi, avait pris tout pouvoir et déployé ses ailes pour le grand voyage ! Il n'était pas question de raisonnement ! Je n'y pouvais absolument rien !

- **MPC :** Ah oui, c'est vrai !

- **MMC :** De l'inconscience, de la folie... Aux yeux des autres certes ! Mais puisque le fonctionnement mental était devenu ainsi, alors avec toute cette force et cette confiance révélées, il n'était surtout pas question de peurs, de doutes, de questionnements... aucune barrière !

- **MPC :** Encore une fois *MMC*, c'est incroyable comme phénomène non ? Surréaliste !

- **MMC :** Écoute finalement, avec ma pleine conscience d'aujourd'hui, je te dirai que ça n'a rien de surhumain et que normalement, je dis bien normalement, c'est donné à tout le monde de pouvoir vivre son cheminement personnel !

- **MPC :** Tu crois ?

- **MMC :** Oui ! Oui ! Je suis formelle, puisque chaque être a sa propre énergie et sa propre force supérieure qui ne demandent qu'à s'exprimer !!

- **MPC :** Ah !

- **MMC :** En fait, c'est tout simplement cette petite voix intérieure qui frappe sans cesse à la porte, pour être entendue !

- **MPC :** Ben oui ! tu m'en avais déjà parlé auparavant !

- **MMC :** Il suffit de l'écouter et de la suivre, si l'on veut être en phase avec soi-même et par conséquent être profondément heureux !!

- **MPC :** Être heureux et vivre ce bonheur et cette paix intérieurs, auxquels chacun aspire ! C'est une évidence *MMC*, mais bon !

- **MMC :** Mais bon... je sais ! Ce n'est pas aussi simple qu'on le dit !

- **MPC :** Exactement !!

- **MMC :** Encore une fois et je le répéterai jusqu'à mon dernier souffle : si -LE- modèle de société était par amour, d'encourager chaque individu à être libre de suivre ses rêves, de manière à être profondément heureux, alors notre terre serait un paradis aux jardins odoriférants, où il ferait bon vivre d'amour et d'eau fraîche !

- **MPC :** C'est clair *MMC* ! C'est clair !

- **MMC :** Eh oui !

- **MPC :** Alors donc, pour récapituler : il y eut ces prises de conscience de l'état du monde ; le fonctionnement mental s'est transformé... et puis euh... il est naturellement passé à l'état d'observation intérieure et de contemplation... puis instinctivement notre Corporelle est partie en voyage, guidée par sa petite voix intérieure aux quatre coins du monde...

- MMC : Tout à fait !

- MPC : Et alors, dans tout ça, qu'a-t'elle vécu ?? Où est-elle allée finalement ?

- MMC : Alors là petit cœur, pour la énième fois, je te dirai que c'est encore «tout un roman» !

- MPC : Bien sûr, des années de voyages j'imagine !

- MMC : Tu as tout compris ! Alors voici de nouveau, tout un tas d'écrits qui te feront vivre ses aventures et son cheminement !

- MPC : Ah ! Chouette ! D'autres explications à mes sacrées sensations !

- MMC : Notre *Corporelle* les avait stockés, soit dans la mémoire de l'ordinateur quand elle envoyait des e-mails à ses proches et amis ; soit sur des carnets de voyages quand elle s'adressait à elle même !

- MPC : Heureusement qu'il y avait eu ce réflexe d'écrire ! Ça permet aujourd'hui d'avoir une trace en souvenir du passé !

- MMC : C'est juste !

- MPC : C'est reparti alors *MMC ?*

- MMC : Euh... dis-moi petit cœur !

- MPC : Oui ??

- **MMC :** Finalement, comme ça fait déjà un sérieux bout de temps que l'on converse sur les réflexions et aventures de notre *Corporelle* et… qu'il faudrait peut-être penser à se reposer un peu… Tu ne crois pas que l'on devrait remettre cette étape principale à plus tard ?

- **MPC :** Mais *Madame ma conscience*, c'est pourtant toi qui un jour m'as dit :

« Ne jamais reporter à plus tard
ce qui peut être fait tout de suite !! »

- **MMC :** Bien sûr ! Bien sûr ! Telle est ma philosophie… Mais sache que là, nous sommes dans un cas de figure tout à fait différent !

- **MPC :** Oooh !!

- **MMC :** Ben oui ! il ne s'agit pas d'être constamment en activité ! Dans la vie, il faut savoir faire des pauses aussi pour continuer à aller de l'avant, dans les meilleures conditions… Et le repos est fait pour ça !

- **MPC :** Bon, d'accord ! Puisque tu l'dis !

- **MMC :** Patience petit cœur ! Patience !

- **MPC :** Ouais, après tout ! Tu as certainement raison… Et puis un peu de suspense, ça ne peut pas faire de mal !

- **MMC :** Ah ! Tu vois !

- **MPC :** En tout cas, j'ai une de ces hâtes !!

Dépôt légal : Novembre 2022

Illustrations : SARAGAR

Design et mise en page agence Syllus Fx

www.ingramcontent.com/pod-product-compliance
Lightning Source LLC
LaVergne TN
LVHW010504160826
845677LV00012B/2647

9798362417192